AF189509

Impressum
Verlag: BABADADA GmbH, Nedderfeld 112 , 22529 Hamburg
Geschäftsführer / Verlagsleitung: Harald Hof
Druck: Books on Demand GmbH, In de Tarpen 42, 22848 Norderstedt

Imprint
Publisher: BABADADA GmbH, Nedderfeld 112 , 22529 Hamburg, Germany
Managing Director / Publishing direction: Harald Hof
Print: Books on Demand GmbH, In de Tarpen 42, 22848 Norderstedt, Germany

مدرسه ٢
ruang kelas — كلاس درس

تقسیم کردن
membagi

186/2

تخته
papan

حياط مدرسه
halaman sekolah

معلم
guru

كاغذ
kertas

نوشتن
menulis

خودکار
pena

ميز تحرير
meja kerja

خط كش
penggaris

كتاب
buku

دانش آموز
murit

كيف مدرسه
tas sekolah

جامدادی
tempat pensil

مداد
pensil

تراش
pengasah pensil

پاک کن
penghapus

دفتر رسم
kertas gambar

طراحی

gambar

قلم مو

kuas

جعبه ی آبرنگ

kotak cat

قیچی

gunting

چسب

lem

کتاب تمرین

buku latihan

تکلیف خانه

pekerjaan rumah

12

رقم

angka

2+2

جمع کردن

tambhakan

5-2

تفریق کردن

mengurangi

2×2

ضرب کردن

mengalikan

محاسبه کردن

menghitung

A

حرف الفبا

huruf

ABCDEFG HIJKLMN OPQRSTU VWXYZ

الفبا

alfabet

hello

کلمه

kata

متن

teks

خواندن

membaca

گچ

kapur

درس

pelajaran

ثبت نام

daftar

امتحان

ujian

مدرک رسمی

sertifikat

لباس مدرسه

seragam sekolah

تحصیلات

pendidikan

دانشنامه

ensiklopedi

دانشگاه

universitas

میکروسکوپ

mikroskop

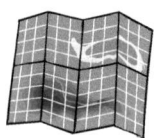

نقشه

peta

سبد کاغذ باطله

tempat sampah

سفر

perjalanan

هتل
hotel
Grand
مسافرخانه
hostel
ROOMS
EXCHANGE
صرافی
kantor pertukaran mata uang
چمدان
koper
اتومبیل
mobil

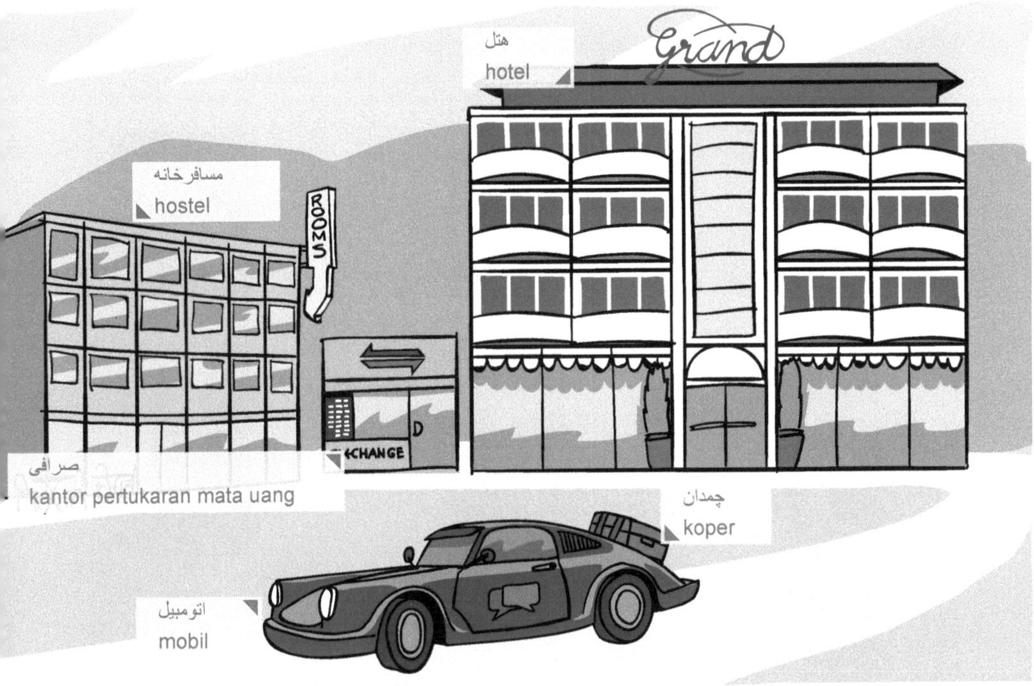

زبان

bahasa

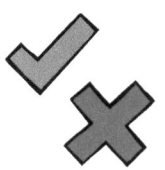

بله / خیر

ya / tidak

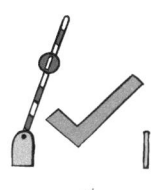

اُکی

okay

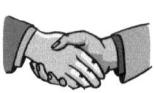

سلام

hallo

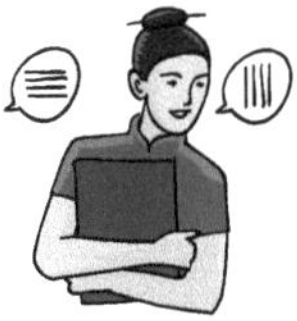

مترجم

penerjemah

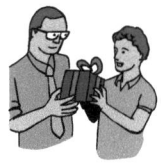

ممنون

terima kasih

قیمت ... چه قدر است؟

Berapa harganya...?

من متوجه نمی شوم

saya tidak mengerti

مشکل

masalah

عصر بخیر! / شب بخیر!

Selamat malam!

صبح بخیر!

Selamat siang!

شب بخیر!

Selamat tidur!

خداحافظ

sampai jumpa

جهت

arah

بار سفر

bagasi

کیف

tas

کوله پشتی

ransel

مهمان

tamu

اتاق

ruang

کیسه خواب

kantong tidur

خیمه

tenda

مرکز راهنمای گردشگران

informasi wisata

ساحل

pantai

کارت اعتباری

kartu kredit

صبحانه

sarapan

نهار

makan siang

شام

makan malam

بلیط

tiket

آسانسور

elevator

مهر

perangko

مرز

perbatasan

گمرک

cukai

سفارتخانه

kedutaan

ویزا

visa

گذرنامه

paspor

حمل و نقل

transportasi

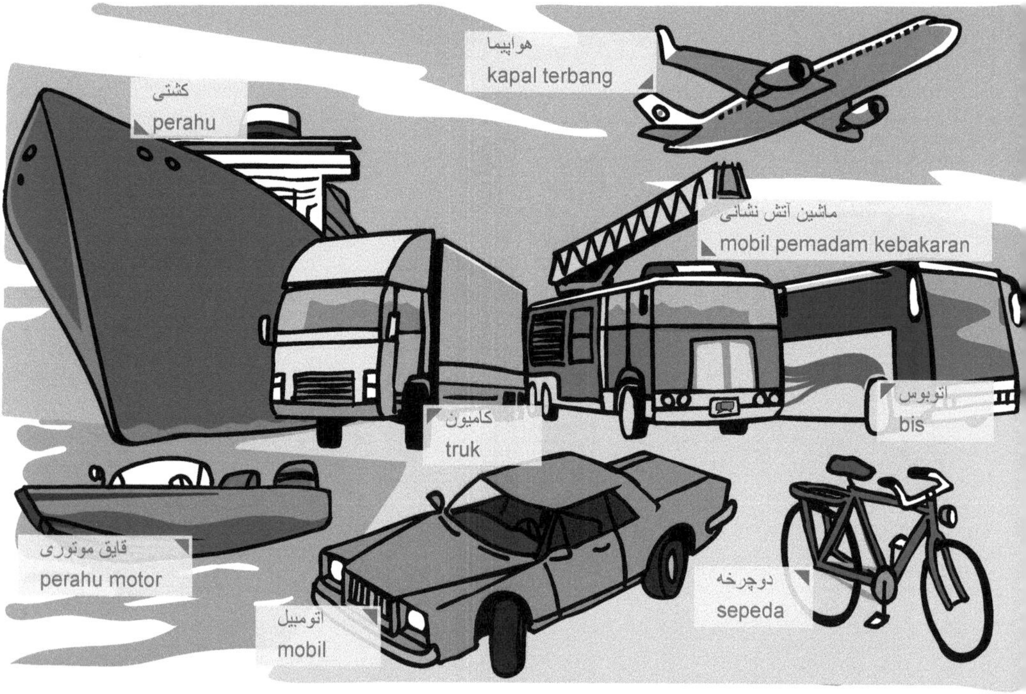

هواپیما
kapal terbang
کشتی
perahu
ماشین آتش نشانی
mobil pemadam kebakaran
کامیون
truk
اتوبوس
bis
قایق موتوری
perahu motor
اتومبیل
mobil
دوچرخه
sepeda

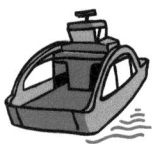

کشتی مسافربری
....
feri

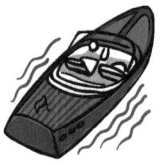

قایق
....
perahu

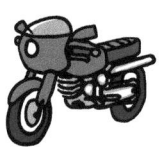

موتورسیکلت
....
sepeda motor

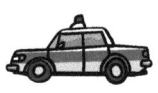

ماشین پلیس
....
mobil polisi

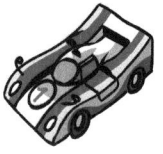

ماشین مسابقه
....
mobil balapan

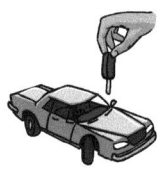

ماشین کرایه ای
....
mobil sewa

به اشتراک گذاری اتوموبیل

berbagi mobil

جرثقیل

truk derek

ماشین حمل زباله

truk sampah

موتور

motor

بنزین

bahan bakar

پمپ بنزین

bensin

تابلو راهنمایی و رانندگی

tanda lalulintas

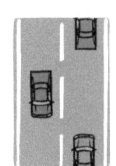

عبور و مرور

lalulintas

ترافیک

macet

پارکینگ

parkir mobil

ایستگاه قطار

stasiun kereta

ریل راه آهن

trek

قطار

kereta api

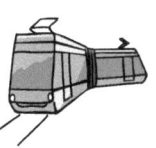

قطار برقی

tram

واگن

gerobak

هليكوپتر
helikopter

فرودگاه
bendara

برج
menara

مسافر
penumpang

کانتينر
container

کارتن
karton

گاری
troli

سبد
keranjang

به پرواز درآمدن / فرود آمدن
berangkat / mendarat

شهر

kota

دهکده
desa

مرکز شهر
pusat kota

خانه
rumah

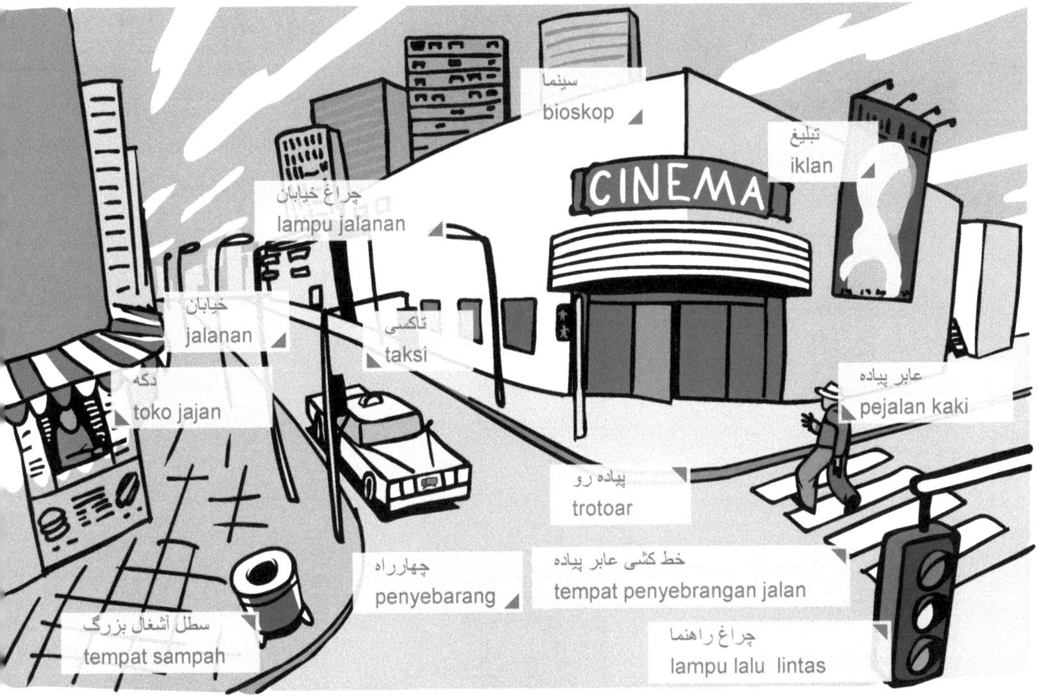

سینما
bioskop

تبلیغ
iklan

چراغ خیابان
lampu jalanan

CINEMA

خیابان
jalanan

تاکسی
taksi

عابر پیاده
pejalan kaki

دکه
toko jajan

پیاده رو
trotoar

چهارراه
penyebarang

خط کشی عابر پیاده
tempat penyebrangan jalan

سطل آشغال بزرگ
tempat sampah

چراغ راهنما
lampu lalu lintas

کلبه
....
gubuk

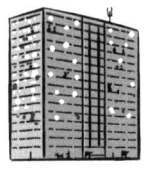

آپارتمان
....
rumah flat

ایستگاه قطار
....
stasiun kereta

ساختمان شهرداری
....
balai kota

موزه
....
museum

مدرسه
....
sekolah

دانشگاه
....

universitas

بانک
....

bank

بیمارستان
....

rumah sakit

هتل
....

hotel

داروخانه
....

farmasi

اداره
....

kantor

کتابفروشی
....

toko buku

مغازه
....

toko

گل فروشی
....

toko bunga

سوپرمارکت
....

supermarket

بازار
....

pasar

فروشگاه بزرگ
....

toko serba ada

ماهی فروش
....

nelayan

مرکز خرید
....

pusat belanja

بندر
....

pelabuhan

پارک

taman

نیمکت

banku

پل

jembatan

پله

tangga

مترو

kereta bawah tanah

تونل

terowongan

ایستگاه اتوبوس

pemberhantian bis

میخانه

bar

رستوران

restauran

صندوق پست

kotak surat

تابلوی خیابان

tanda jalan

دستگاه پارکومتر

meteran parkir

باغ وحش

kebun binatang

استخر شنای عمومی

kolam renang

مسجد

mesjid

مزرعه

pertanian

آلودگی محیط زیست

polusi

قبرستان

kuburan

کلیسا

gereja

زمین بازی

tempat bermain

معبد

pura

چشم انداز

pemandangan

برگ
daun

تابلوی راهنمای مسیر
penunjuk arah

راه
jalanan

چمنزار
padang rumput

سنگ
batu

راه نورد
pejalak kaki

درخت
pohon

رودخانه
sungai

چمن
rumput

گل
bunga

دره
....
lembah

تپه
....
bukit

دریاچه
....
danau

جنگل
....
hutan

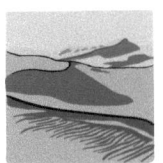

بیابان
....
padang gurun

کوه آتشفشان
....
gunung berapi

قلعه
....
istana

رنگین کمان
....
pelangi

قارچ
....
jamur

درخت نخل
....
pohon palem

پشه
....
nyamuk

مگس
....
lalat

مورچه
....
semut

زنبور
....
lebah

عنکبوت
....
laba-laba

سوسک

kumbang

قورباغه

kodok

سنجاب

tupai

جوجه تیغی

landak

خرگوش صحرایی

kelinci

جغد

burung hantu

پرنده

burung

قو

angsa

گراز

babi jantan

گوزن نر

rusa

گوزن شمالی

rusa

سد آب

bendungan

توربین بادی

turbin angin

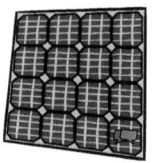

صفحه ی خورشیدی

panel surya

آب و هوا

iklim

رستوران

restauran

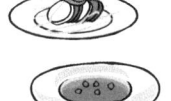

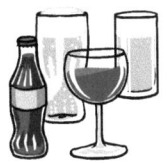

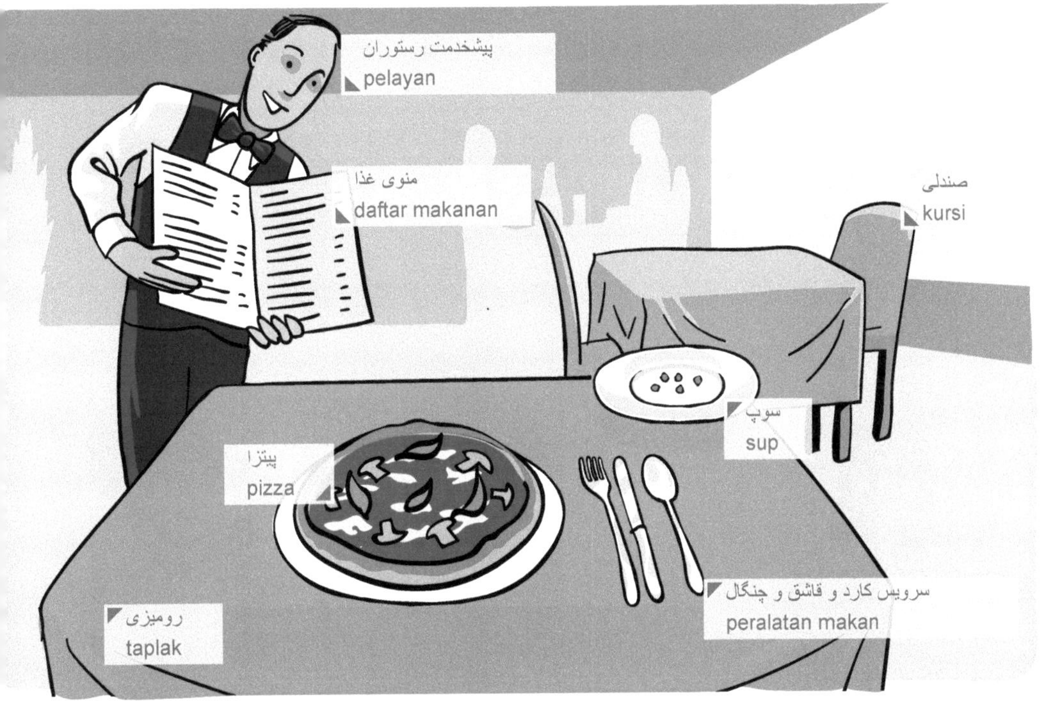
پیشخدمت رستوران
pelayan
منوی غذا
daftar makanan
صندلی
kursi
سوپ
sup
پیتزا
pizza
سرویس کارد و قاشق و چنگال
peralatan makan
رومیزی
taplak

پیش‌غذا

hindangan pembuka

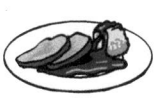

غذای اصلی

hidangan utama

دسر

hidangan penutup

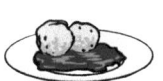

نوشیدنی ها

minuman

غذا

makanan

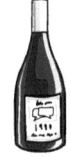

بطری

botol

فست فود

fastfood

اغذیه خیابانی

masakan jalanan

قوری

teko teh

قندان

kaleng gula

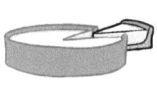

پُرس غذا

porsi

دستگاه اسپرسو

mesin espresso

صندلی پایه بلند غذاخوری بچه

kursi tinggi

صورتحساب

tagihan

سینی

baki

چاقو

pisau

چنگال

garpu

قاشق

sendok

قاشق چایخوری

sendok teh

دستمال سفره

serbet

لیوان

gelas

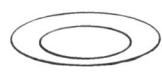

بشقاب
....
piring

بشقاب سوپخوری
....
piring sup

نعلبکی
....
lepek

سس
....
saus

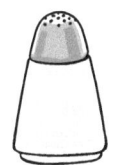

نمکدان
....
tempat garam

فلفل ساب
....
gilingan merica

سرکه
....
cuka

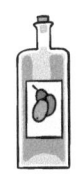

روغن خوراکی
....
minyak

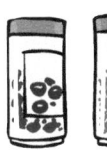

ادویه جات
....
bumbu

سس کچاپ
....
saus tomat

سس خردل
....
mustar

سس مایونز
....
mayones

سوپرمارکت

supermarket

پیشنهاد ویژه
penawaran khusus
FOR
مشتری
klien
لبنیات
produk susu
میوه جات
buah
چرخ دستی خرید
troli

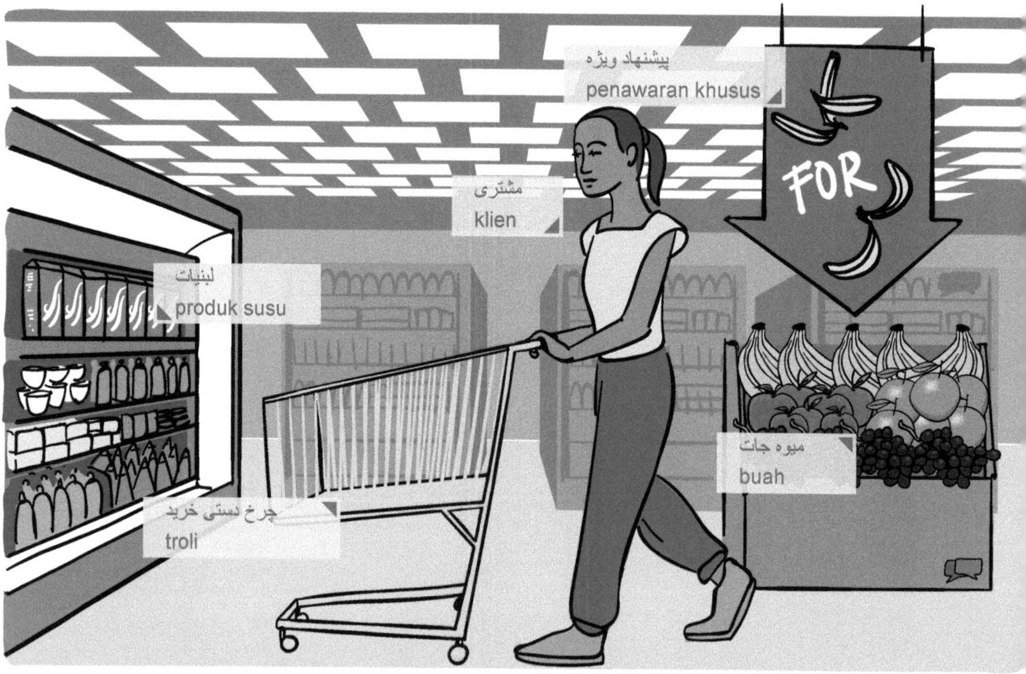

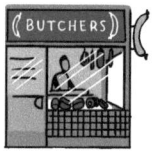

BUTCHERS

قصابی

pembantai

BAKERY

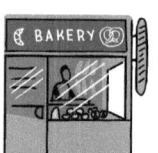

نانوایی

toko roti

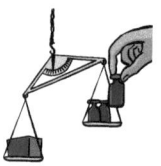

وزن کردن

menimbang

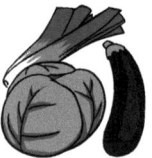

سبزیجات

sayur

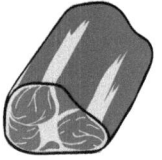

گوشت

daging

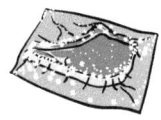

غذای منجمد

makanan beku

مخلوطی از انواع کالباس با پنیر که
ورقه ای بریده شده باشند
pemotongan dingin

غذای کنسروی
makanan kaleng

پودر لباسشویی
sabun serbuk

شیرینی جات
permen

لوازم خانگی
alat-alat rumah tangga

ماده شوینده و پاک کننده
obat pembersihan

فروشنده
penjual

صندوق پرداخت
kasa

صندوقدار
kasir

لیست خرید
daftar belanja

ساعات کار
jam buka

کیف پول
dompet

کارت اعتباری
kartu kredit

کیف
tas

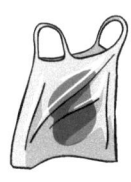

کیسه ی پلاستیکی
kantong plastik

آب

air

آبمیوه

jus

شیر

susu

نوشابه کوکاکولا

cola

شراب

anggur

آبجو

bir

الکل

alkohol

کاکائو

coklat

چای

teh

قهوه

kopi

قهوه اسپرسو

espresso

کاپوچینو

cappucino

makanan

موز

pisang

سیب

apel

پرتقال

jeruk

انواع هندوانه و خربزه

semangka

لیمو

jeruk lemon

هویج

wortel

سیر

bawang putih

نی بامبو

bambu

پیاز

bawang bombai

قارچ

jamur

آجیل

kacang

ماکارونی

mi

اسپاگتی

spagetti

برنج

nasi

سالاد

salat

سیب زمینی سرخ کرده

kentang goreng

سیب زمینی سرخ شده

kentang goreng

پیتزا

pizza

همبرگر

hamburger

ساندویچ

sandwich

شنیتسل

sayatan

ژامبون خوک

ham

سالامی

salami

سوسیس

sosis

مرغ

ayam

نوعی گوشت سرخ شده

menggoreng

ماهی

ikan

جوی پرک شده

bubur gandum

نوعی صبحانه مخلوطی از برگه ذرت و
میوه های خشک شده و خشکبار که
معمولا با شیر خورده می شود
sereal

کورن‌فلکس

cornflakes

آرد

tepung

کرواسان

croissant

نان بروتشن

roti

نان

roti

نان تست

toast

بیسکویت

biskuit

کره

mentega

کشک

dadih

کیک

kue

تخم مرغ

telur

تخم مرغ نیمرو

telur goreng

پنیر

keju

بستنى

eskrim

شکر

gula

عسل

madu

مربا

selai

کرم شکلاتی بادامی

krim nugat

ادویه کاری

kare

مزرعه

pertanian

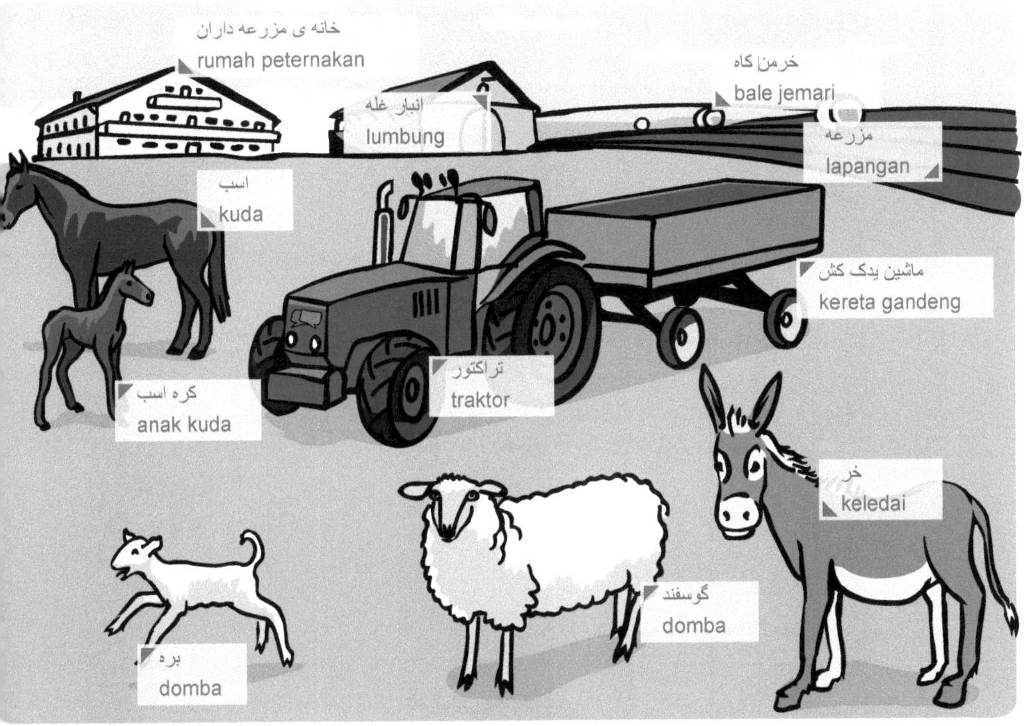

خانه ی مزرعه داران
rumah peternakan
انبار غله
lumbung
خرمن‌گاه
bale jemari
مزرعه
lapangan
اسب
kuda
ماشین یدک کش
kereta gandeng
تراکتور
traktor
کره اسب
anak kuda
خر
keledai
گوسفند
domba
بره
domba

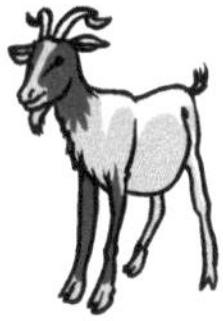

بز
kambing

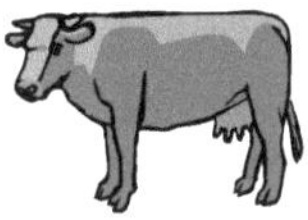

گاو ماده
sapi

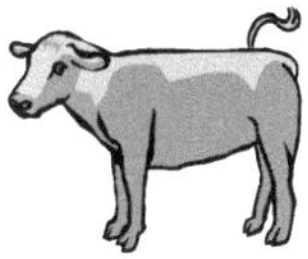

گوساله
betis

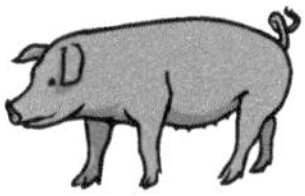

خوک
babi

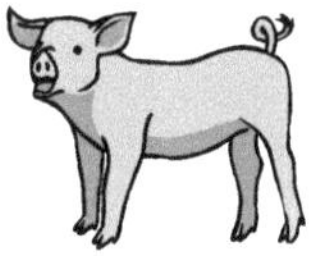

بچه خوک
celeng

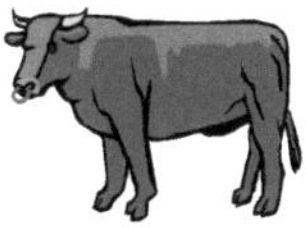

گاو نر
banteng

غاز
angsa

اردک
bebek

جوجه
anak ayam

مرغ
ayam

خروس
ayam jantan

موش صحرایی
tikus

گربه
kucing

موش
tikus

گاو نر اخته
lembu

سگ
anjing

لانه ی سگ
rumah anjing

شلنگ باغبانی
selang

آبپاش
penyiram

داس دسته بلند
sabit

گاوآهن
bajak

داس

sabit

کج بیل

cangkul

چنگک باغبانی

garpu rumput

تبر

kapak

فرقون

gerobak

آبشخور

palung

بطری نگهداری شیر

kaleng susu

کیسه

karung

حصار

pagar

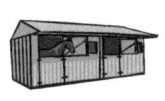

اصطبل

kandang

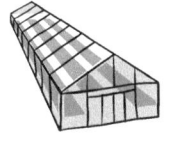

گلخانه

rumah kaca

خاک

tanah

بذر

benih

کود

pupuk

ماشین کمباین

mesin pemanen

برداشت کردن محصول
....
panen

محصول
....
panen

تمیس
....
yams

گندم
....
gandum

سویا
....
kedelai

سیب زمینی
....
kentang

ذرت
....
jagung

کلزا
....
lobak

درخت میوه
....
pohon buah

گیاه مانیوک
....
singkong

غلات
....
sereal

خانه
rumah

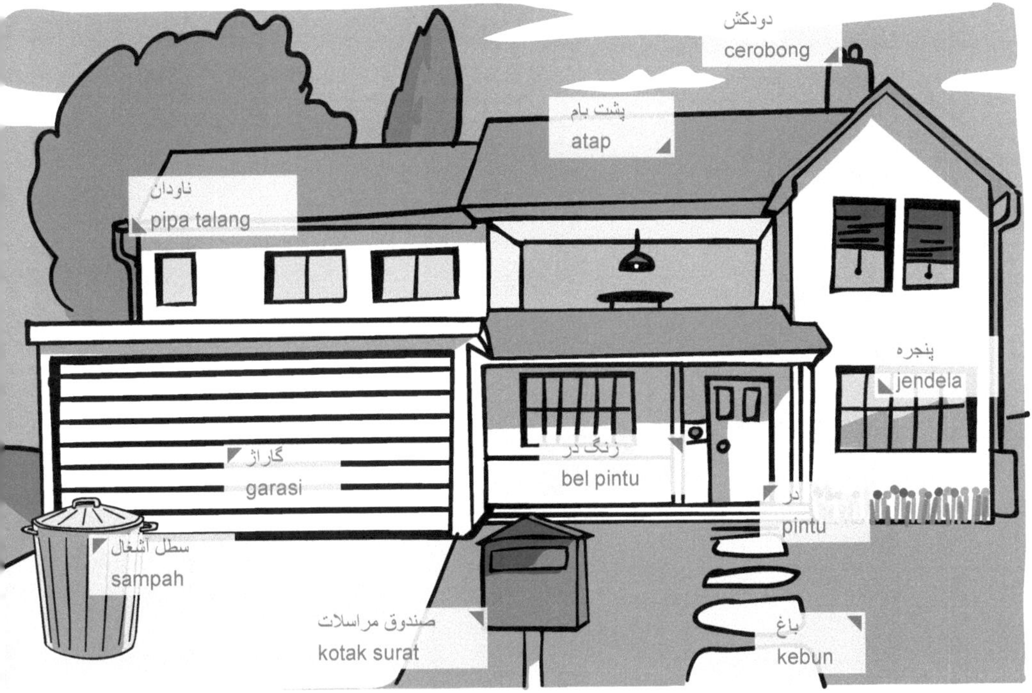

دودکش
cerobong
پشت بام
atap
ناودان
pipa talang
پنجره
jendela
گاراژ
garasi
زنگ در
bel pintu
در
pintu
سطل آشغال
sampah
صندوق مراسلات
kotak surat
باغ
kebun

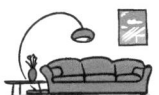

اتاق نشیمن
....
ruang tamu

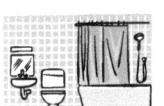

حمام
....
kamar mandi

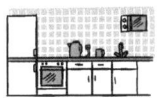

آشپزخانه
....
dapur

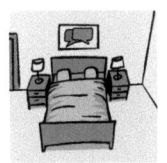

اتاق خواب
....
kamar tidur

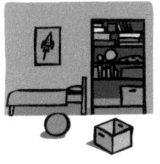

اتاق بچه
....
kamar anak

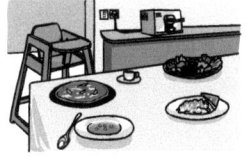

ناهارخوری
....
kamar makan

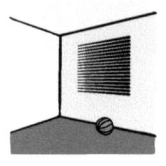

كف زمين

lantai

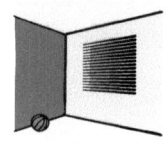

ديوار

tembok

سقف

atap

زيرزمين

gudang di bawah tanah

سونا

sauna

بالكن

balkon

تراس

teras

استخر

kolam renang

ماشين چمنزنى

mesin pemotong rumput

ملافه

sprei

روتختى

selimut

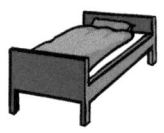

تخت خواب

tempat tidur

جارو

sapu

سطل

ember

سويچ يا كليد

tombol

كاغذ ديواری
kertas dinding

لامپ
lampu

عكس
gambar

قفسه
rak

كابينت
kabinet

شومينه
perapian

تلويزيون
televisi

كوسن
bantal

گل
bunga

كاناپه
sofa

گلدان
vas

كنترل تلويزيون و ويدئو و غيره
remote control

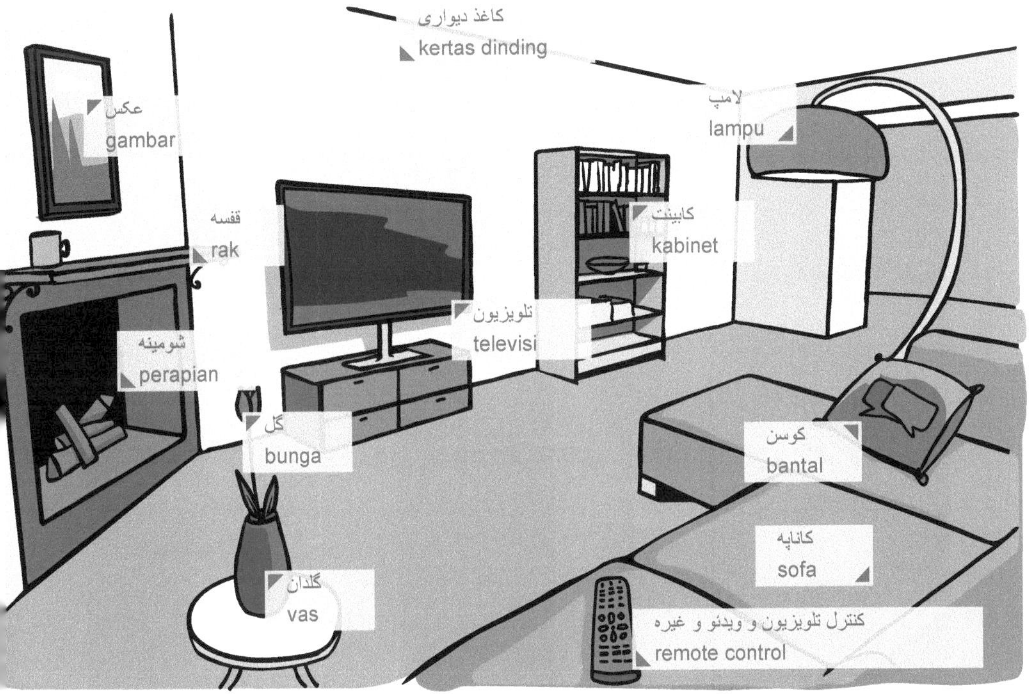

فرش
karpet

پرده
korden

ميز
meja

صندلی
kursi

صندلی گهواره ایی
kursi goyang

صندلی راحتی
kursi malas

كتاب

buku

لحاف

selimut

دكوراسيون

dekorasi

هيزم

kayu bakar

فيلم

filem

دستگاه ضبط صوت

hi-fi

كليد

kunci

روزنامه

koran

تابلو نقاشى

lukisan

پوستر

poster

راديو

radio

دفترچه يادداشت

buku tulis

جاروبرقى

penyedot debu

كاكتوس

kaktus

شمع

lilin

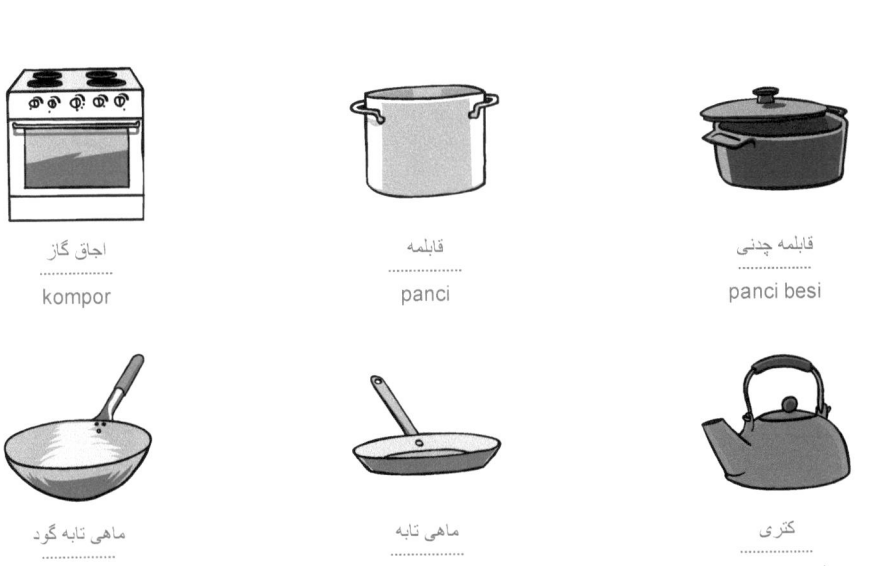

آشپزخانه
dapur

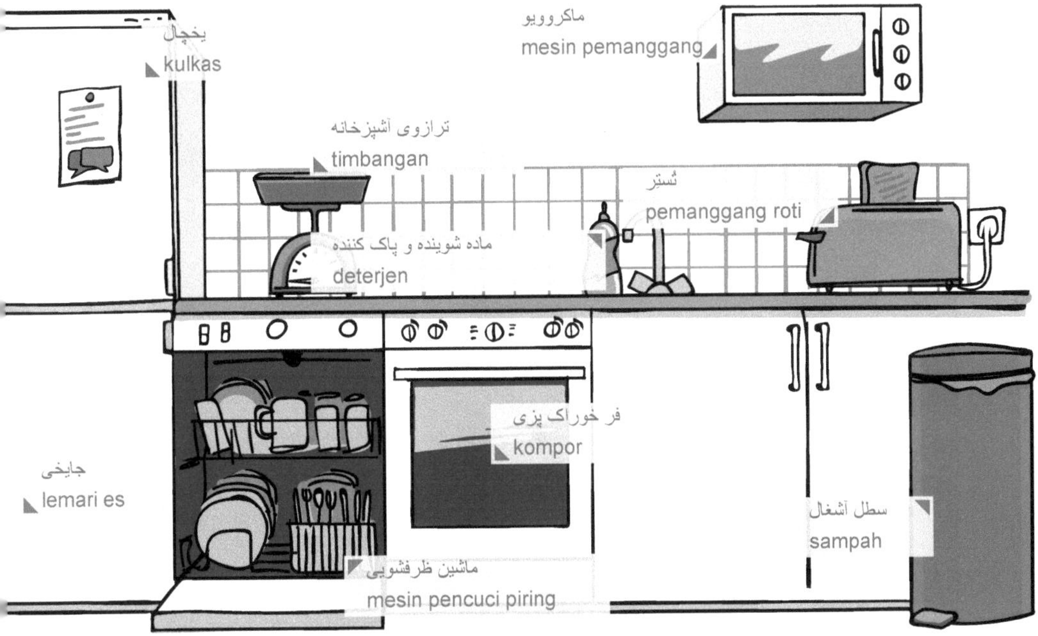

یخچال
kulkas
ماکروویو
mesin pemanggang
ترازوی آشپزخانه
timbangan
تُستر
pemanggang roti
ماده شوینده و پاک کننده
deterjen
فر خوراک پزی
kompor
جایخی
lemari es
سطل آشغال
sampah
ماشین ظرفشویی
mesin pencuci piring

اجاق گاز

....

kompor

قابلمه

....

panci

قابلمه چدنی

....

panci besi

ماهی تابه گود

....

wajan

ماهی تابه

....

panci

کتری

....

pemanas air

بخاریز

panci pengukus makanan

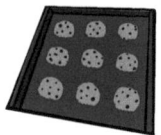

سینی فر

nampan

ظرف چینی آشپزخانه

piring

لیوان

cangkir

کاسه

mangkok

چاپستیک

sumpit

ملاقه

sendok sup

کفگیر

sudip

همزن

mengocok

آبکش

saringan

آبکش

saringan

رنده

parutan

هاون

mortir

باربیکیو

barbeque

محل مخصوص افروختن آتش

api terbuka

تخته گوشت و سبزی

papan memotong

وردنه

gilingan

در بطری بازکن

alat pembuka botol

قوطی

kaleng

در قوطی بازکن

pembuka kaleng

دستگیره پارچه ای

pegangan panci

سینک ظرفشویی

wastafel

برس گردگیری

sikat

اسفنج

busa

مخلوط کن

mesin pencampur

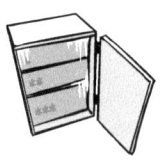

فریزر

lemari es

شیشه شیر بچه

botol bayi

شیر آب

keran

حمام

kamar mandi

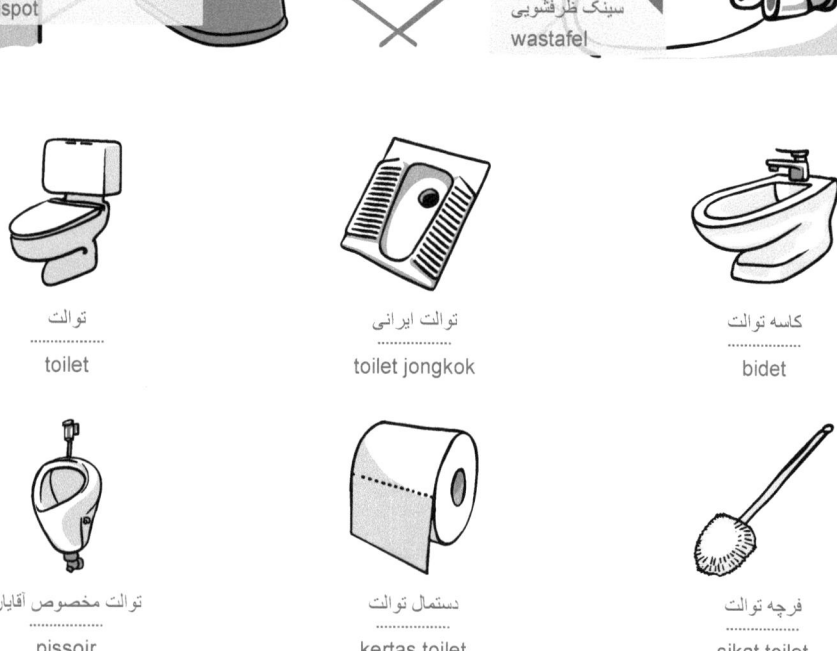

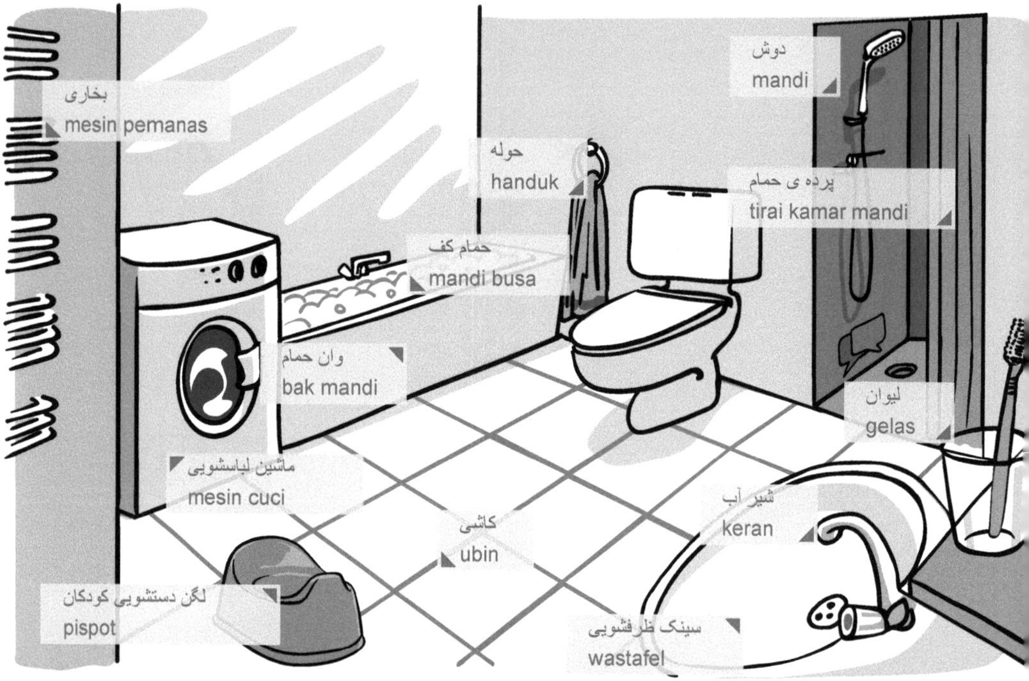

بخاری
mesin pemanas
حوله
handuk
دوش
mandi
پرده ی حمام
tirai kamar mandi
حمام کف
mandi busa
وان حمام
bak mandi
لیوان
gelas
ماشین لباسشویی
mesin cuci
شیر آب
keran
کاشی
ubin
لگن دستشویی کودکان
pispot
سینک ظرفشویی
wastafel

توالت

....

toilet

توالت ایرانی

....

toilet jongkok

کاسه توالت

....

bidet

توالت مخصوص آقایان

....

pissoir

دستمال توالت

....

kertas toilet

فرچه توالت

....

sikat toilet

مسواک

sikat gigi

خمیردندان

pasta gigi

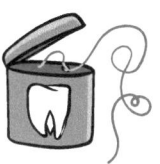

نخ دندان

benang gigi

شستن

menyuci

دوش آب تلفنی

pancuran tangan

شلنگ توالت

pancuran

لگن روشویی

bak

برس شست و شوی پشت

sikat punggung

صابون

sabun

شامپو بدن

gel mandi

شامپو

sampo

لیف حمام

planel

راه آب

kuras

کرم

krim

اسپری دئودورانت

deodoran

أیینه

kaca

آیینه ی کوچک دستی

cermin tangan

تیغ ریش تراشی

pisau cukur

کف ریش‌تراشی

busa cukur

آفترشیو

aftershave

شانه ی سر

sisir

برس

sikat

سشوار

alat pengering rambut

اسپری مو

semprot rambut

آرایش

makeup

رژلب

lipstik

لاک ناخن

cat kuku

پنبه

kapas

قیچی ناخن

gunting kuku

عطر

minyak wangi

کیف لوازم آرایشی و بهداشتی

kantong pencuci

چهارپایه

bangku

ترازو

timbangan

حوله ی پالتویی

mantel mandi

دستکش ظرفشویی

sarung tangan karet

تامپون

tampon

نوار بهداشتی

handuk pembalut

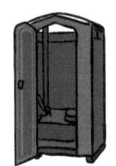

توالت سیار

toilet kimia

اتاق بچه

kamar anak

ساعت زنگدار
jam alarm
نوعی عروسک نرم به شکل حیوانات
boneka tidur
ماشین اسباب بازی
mobil-mobilan
جغجغه
kelintung
خانه ی عروسکی
rumah boneka
کادو
kado

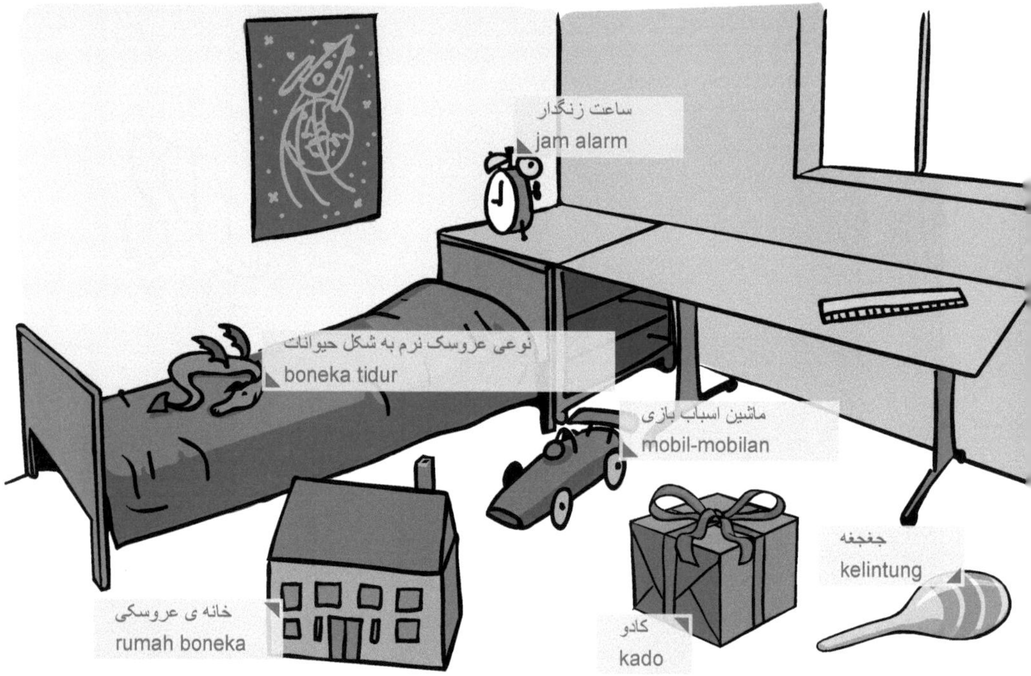

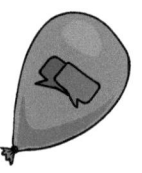

بادکنک

balon

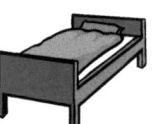

تخت خواب

tempat tidur

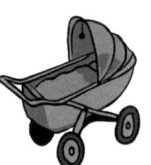

کالسکه بچه

kereta bayi

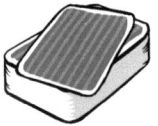

بازی ورق

mainan kartu

پازل

teka-teki

SUPER
MEGA

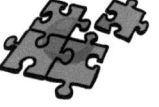

داستان مصور

komik

اسباب بازی لگو

mainan lego

خانه سازی

blok mainan

عروسک شخصیت های فیلم و کارتون

figur aksi

لباس نوزاد

baju monyet

فریزبی

frisbee

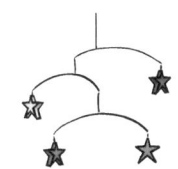

نوعی اسباب بازی که روی تخت نوزاد
یا کودک نصب می شود

mobile

بازی روی صفحه

permainan papan

تاس

dadu

قطار اسباب بازی

set model kreta api

پستانک

dot

مهمانی

pesta

کتاب مصور

buku gambar

توپ

bola

عروسک

boneka

بازی کردن

bermain

جعبه شنی مخصوص بازی کودکان

tempat main pasir

تاب

ayunan

اسباب بازی

mainan

کنسول بازی های کامپیوتری

video game konsol

سه چرخه

sepeda roda tiga

خرس عروسکی

teddy

کمد لباس

lemari pakaian

لباس

pakaian

جوراب

kaos kaki

جوراب زنانه ساق بلند

kaos kaki

جوراب شلواری

baju ketat

شال
syal

چتر
payung

تی شرت
kaos

کمربند
sabuk

پوتین
sepatu bot

دمپایی
sandal

کفش ورزشی کتانی
sepatu

صندل
sandal

کفش
sepatu

چکمه پلاستیکی
sepatu bot karet

شرت
celana dalam

سوتین
BH

جلیقه
baju rompi

بادی

body

شلوار

celana

جين

jeans

دامن

rok

بلوز

blus

پیراهن

kemeja

پولیور

aket berkerudung

سویی شرت

sweater

نوعی کت

jaket

ژاکت

jaket

کت بلند

mantel

بارانی

jas hujan

لباس نمایش

kostum

لباس

gaun

لباس عروس

gaun pengantin

كت و شلوار

setelan resmi

لباس خواب زنانه

gaun tidur

پیژامه

piyama

ساری

sari

روسری

jilbab

عمامه

turban

برقع

burka

قبا

kaftan

عبا

abaya

لباس شنا

pakaian renang

شرت شنا

celana renang

شلوارک

celana pendek

لباس ورزشی

olah raga

پیشبند

celemek

دستکش

sarung tangan

دکمه

kancing

عینک

kacamata

دستبند

gelang

گردنبند

kalung

انگشتر

cincin

گوشواره

anting

کلاه لبه دار

topi

چوب لباسی

gantungan mantel

کلاه

topi

کراوات

dasi

زیپ

ritsleting

کلاه ایمنی

helm

بند شلوار

tali selempang

لباس مدرسه

seragam sekolah

لباس فرم

seragam

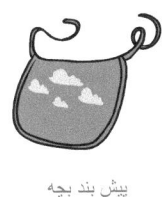

پیش بند بچه

oto

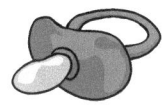

پستانک

dot

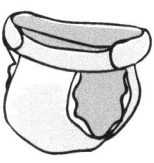

پوشک بچه

popok

اداره

kantor

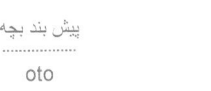

سرور
server
کمد نگهداری پرونده
lemari arsip
چاپگر
pencetak
کاغذ
kertas
مانیتور
layar
ماوس
mouse komputer
میز تحریر
meja kerja
زونکن
tempat pengarsipan
صفحه کلید
papan tombol
سبد کاغذ باطله
tempat sampah
کامپیوتر
computer
صندلی
kursi

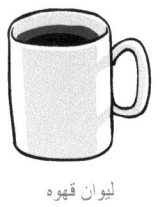

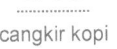

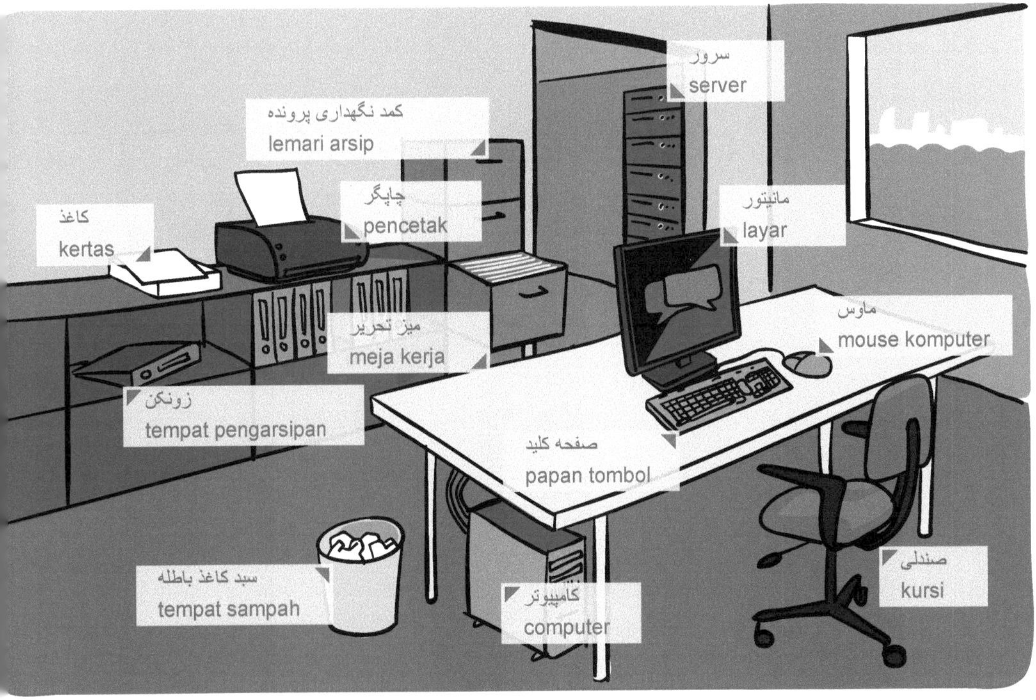

لیوان قهوه

cangkir kopi

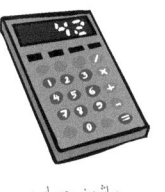

ماشین حساب

kalkulator

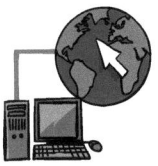

اینترنت

internet

لپ تاپ

laptop

نامه

surat

پیغام

pesan

تلفن همراه

telepon seluler

شبکه ی ارتباطی

jaringan

دستگاه فتوکپی

fotokopi

نرم افزار

software

تلفن

telepon

پریز

plug soket

دستگاه فاکس

mesin fax

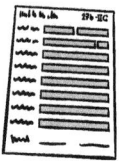

فرم

formulir

مدرک

dokumen

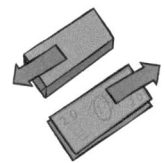

خریدن

membeli

پرداخت کردن

membayar

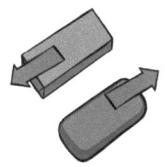

تجارت کردن

berdagang

پول

uang

دلار

Dollar

یورو

Euro

ین

Yen

روبل

Rubel

فرانک سوئیس

Franc Swiss

یوان رنمینبی

Renminbi Yuan

روپیه

Rupiah

دستگاه خودپرداز

ATM

صرافی
....
kantor pertukaran mata
uang

طلا
....
emas

نقره
....
perak

نفت
....
minyak

انرژی
....
energi

قیمت
....
harga

قرارداد
....
kontrak

مالیات
....
pajak

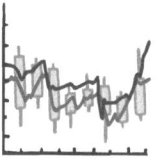

سهام سرمایه
....
saham

کار کردن
....
bekerja

کارمند
....
karyawan

کارفرما
....
majikan

کارخانه
....
pabrik

مغازه
....
toko

مشاغل
pekerjaan

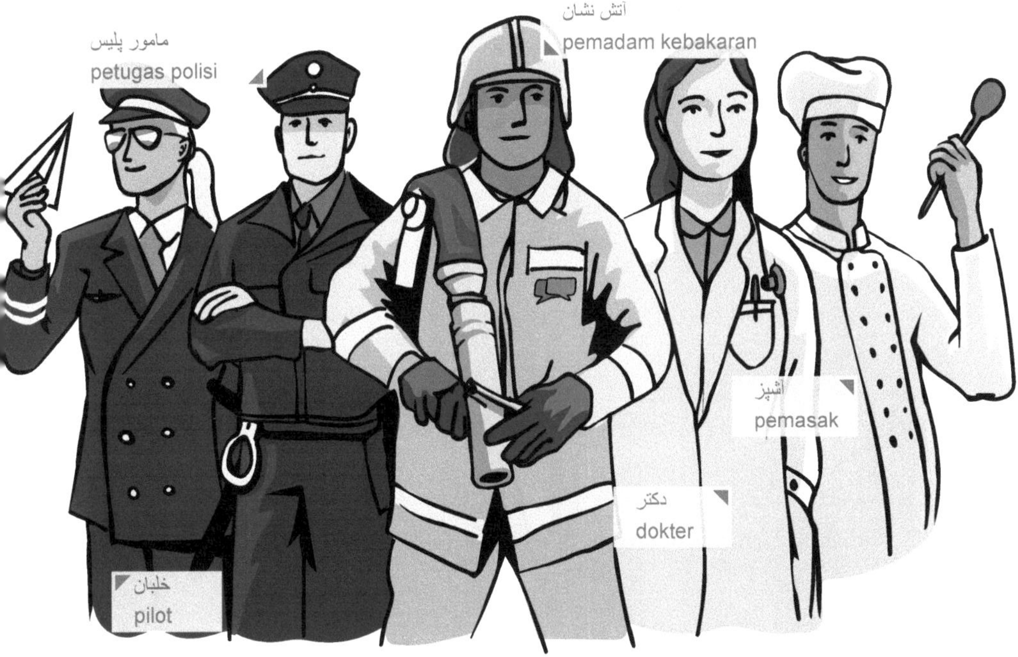

مامور پلیس
petugas polisi
آتش نشان
pemadam kebakaran
آشپز
pemasak
دکتر
dokter
خلبان
pilot

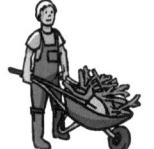

باغبان
....
tukan kebun

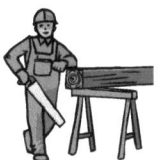

نجار
....
tukang kayu

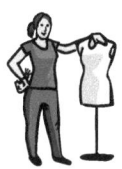

خیاط زنانه
....
penjahit wanita

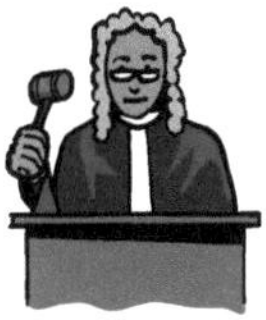

قاضی
....
hakim

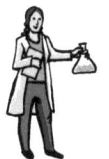

شیمیدان
....
ahli kimia

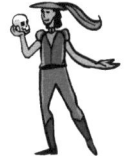

بازیگر
....
aktor

راننده اتوبوس

sopir bis

راننده تاکسی

sopir taksi

ماهیگیر

nelayan

نظافتچی زن

pembantu

سقف ساز

tukang atap

پیشخدمت رستوران

pelayan

شکارچی

pemburu

نقاش

pelukis

نانوا

tukang roti

برقکار

tukang listrik

کارگر ساختمانی

pembangun

مهندس

insinyur

قصاب

tukang daging

لوله کش

tukang ledeng

پستچی

tukang pos

سرباز

tentara

معمار

arsitek

صندوقدار

kasir

گل فروش

penjual bunga

آرایشگر

penata rambut

مامور کنترل بلیط در قطار

konduktor

مکانیک

montir

ناخدا

kapten

دندانپزشک

dokter gigi

دانشمند

ilmuwan

عالم یهودی

rabbi

امام

imam

راهب

biarawan

کشیش

pendeta

ابزارآلات

alat

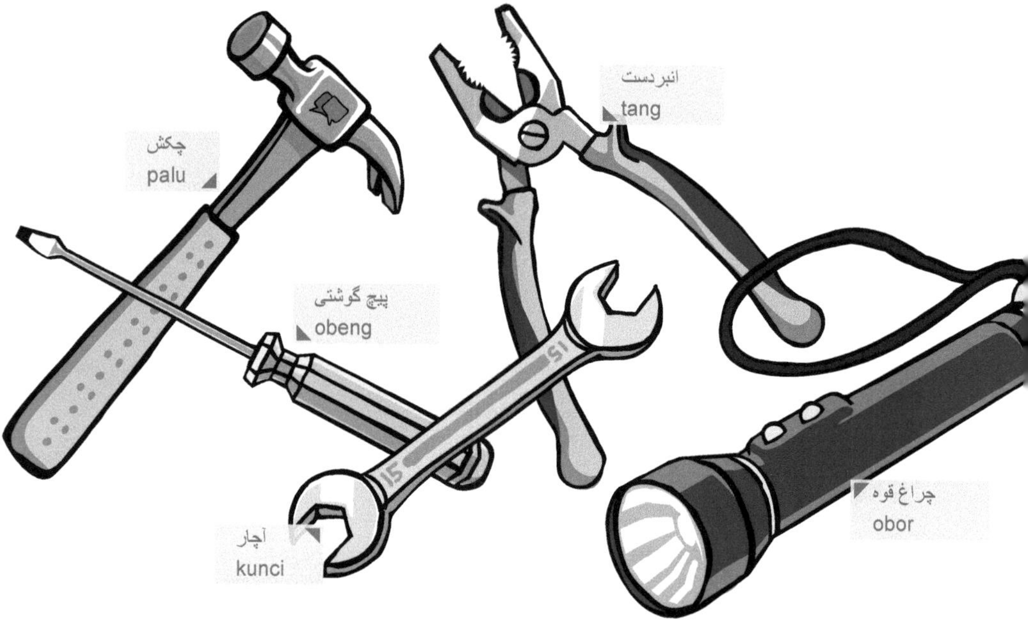

انبردست
tang
چکش
palu
پیچ گوشتی
obeng
آچار
kunci
چراغ قوه
obor

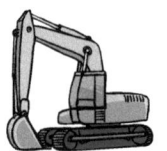

بیل مکانیکی

penggali

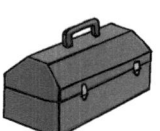

جعبه ابزار

tas perkakas

نردبان

tangga

ارّه

gergaji

میخ

paku

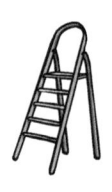

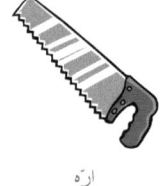

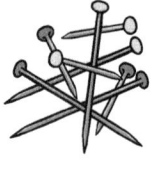

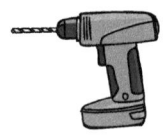

مته

bor

تعمیر کردن
....
perbaikan

بیل
....
sekop

لعنتی!
....
Sialan!

خاک انداز
....
cikrak

سطل رنگرزی
....
pot cat

پیچ
....
sekrup

آلات موسیقی
alat musik

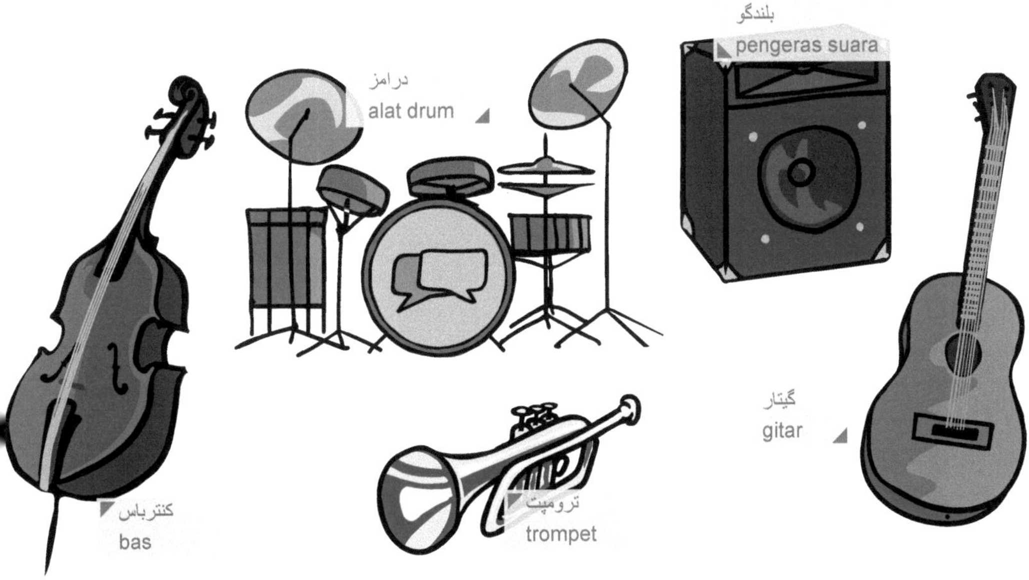

بلندگو
pengeras suara

درامز
alat drum ◄

کنترباس
bas

ترومپت
trompet

گیتار
gitar ◄

پیانو

piano

ویولن

violin

گیتار بیس

bass

تیمپانی

tambur

طبل

drum

کیبورد الکتریک

keyboard

ساکسیفون

saksofon

فلوت

suling

میکروفون

mikrofon

باغ وحش
kebun binatang

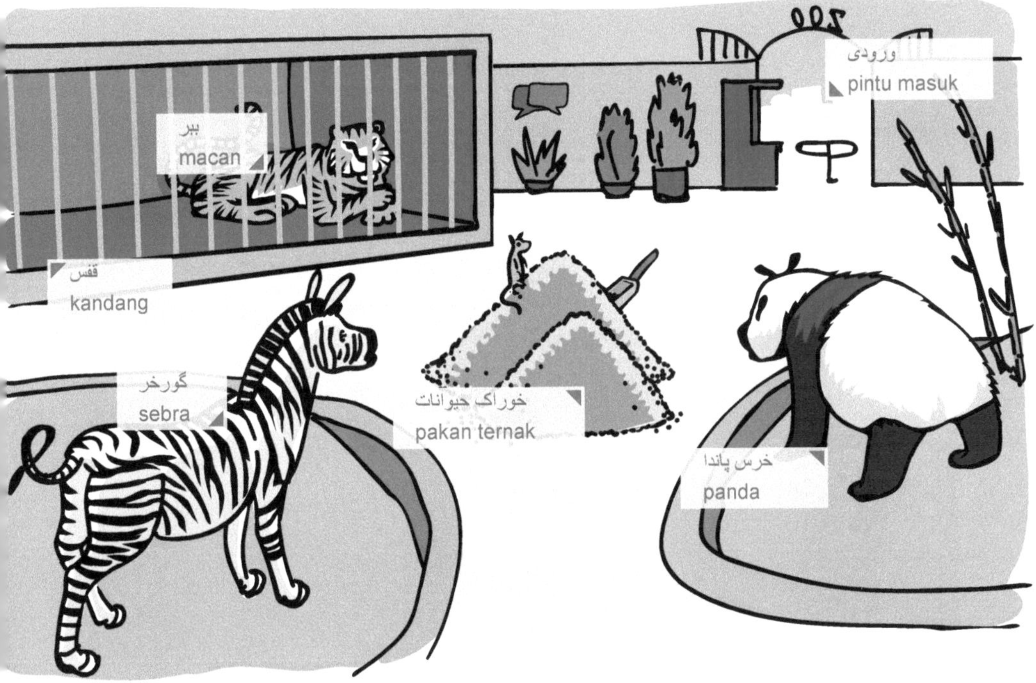

ورودی
pintu masuk
ببر
macan
قفس
kandang
گورخر
sebra
خوراک حیوانات
pakan ternak
خرس پاندا
panda

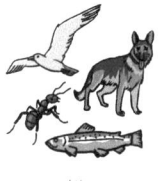

حیوانات

hewan

فیل

gajah

کانگورو

kanguru

کرگدن

badak

گوریل

gorila

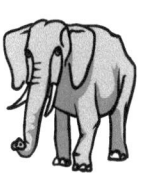

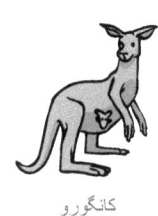

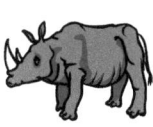

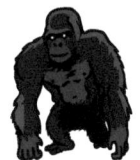

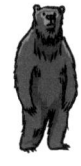

خرس

beruang

شتر

unta

شترمرغ

burung unta

شیر

singa

میمون

monyet

فلامینگو

flamingo

طوطی

burung beo

خرس قطبی

beruang polar

پنگوئن

penguin

کوسه

hiu

طاووس

merak

مار

ular

تمساح

buaya

نگهبان باغ وحش

penjaga kebun binatang

خوک آبی

segel

پلنگ امریکایی

jaguar

اسب کوچک

kuda poni

پلنگ

macan tutul

اسب آبی

kuda nil

زرافه

jerapah

عقاب

burung elang

گراز

babi jantan

ماهی

ikan

لاک پشت

kura-kura

شیرماهی

anjing laut

روباه

rubah

غزال

kijang

فوتبال آمریکایی
american football

دوچرخه سواری
naik sepeda

تنیس
tennis

بسکتبال
basketbal

شنا
bernang

هاکی روی یخ
hoki es

بوکس
tinju

فوتبال
sepak bola

بدمینتون
badminton

دوومیدانی
atletik

هندبال
bola tangan

اسکی
main ski

پولو
polo

فعالیت ها

aktivitas

خندیدن
ketawa
پریدن
meloncat
بغل کردن
memeluk
راه رفتن
berjalan
آواز خواندن
menyanyi
رؤیا دیدن
mengimpi
دعا کردن
berdoa
بوسیدن
mencium

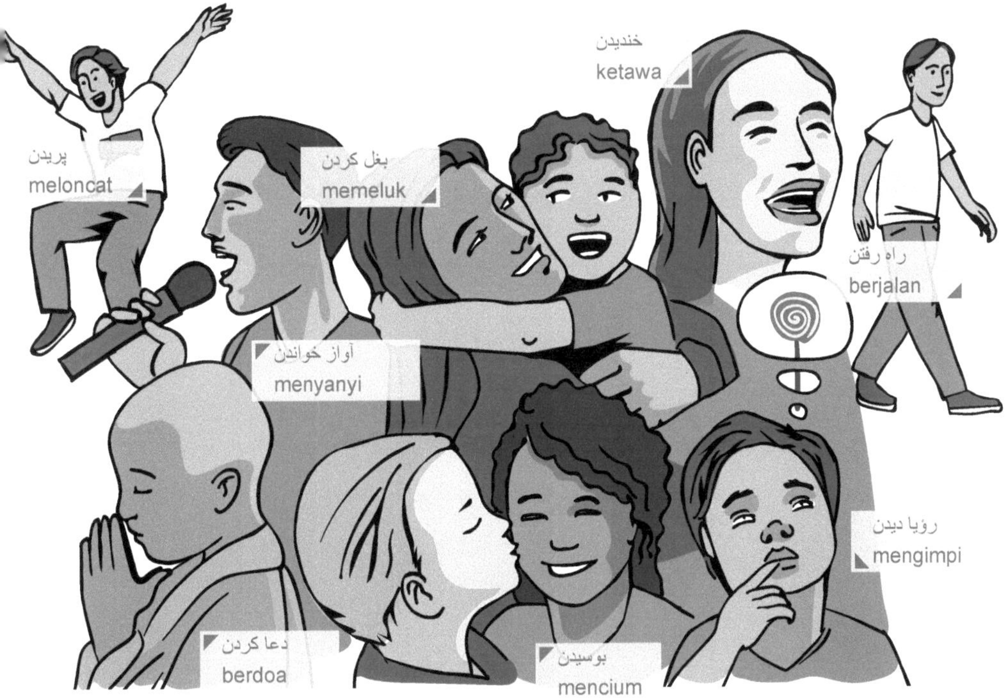

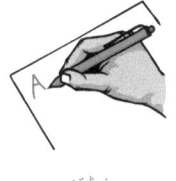

نوشتن
....
menulis

رسم کردن
....
melukis

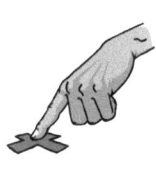

نشان دادن
....
menunjuk

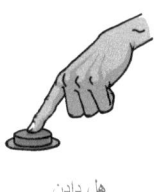

هل دادن
....
mendorong

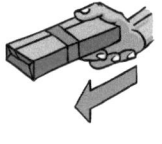

دادن
....
memberikan

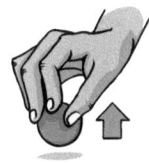

برداشتن
....
mengambil

داشتن
....
mempunyai

انجام دادن
....
melakukan

بودن
....
adalah

ایستادن
....
berdiri

دویدن
....
berlari

کشیدن
....
menarik

پرتاب کردن
....
melempar

افتادن
....
jatuh

دراز کشیدن
....
tidur

منتظر بودن
....
menunggu

حمل کردن
....
membawa

نشستن
....
duduk

لباس پوشیدن
....
berpakaian

خوابیدن
....
tidur

بیدار شدن
....
bangun

تماشا کردن

melihat

گریه کردن

menangis

نوازش کردن

mengelus

شانه کردن

menyisir

حرف زدن

berbicara

فهمیدن

mengerti

پرسیدن

menanyak

شنیدن

mendengar

آشامیدن

minum

خوردن

makan

مرتب کردن

merapikan

عاشق بودن

cinta

پختن

memasak

رانندگی کردن

menyetir

پرواز کردن

terbang

قایقرانی کردن

berlayar

محاسبه کردن

menghitung

خواندن

membaca

یاد گرفتن

belajar

کار کردن

bekerja

ازدواج کردن

menikah

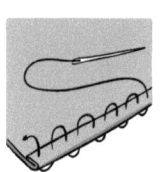

دوختن

menjahit

مسواک زدن

sikat gigi

کشتن

membunuh

سیگار کشیدن

merokok

فرستادن

kirim

مادربزرگ
nenek

پدربزرگ
kakek

پدر
bapak

مادر
ibu

کودک
bayi

فرزند دختر
putri

فرزند پسر
putra

مهمان
tamu

خاله، عمه
bibi

دایی، عمو
paman

برادر
kakak laki

خواهر
kakak perempuan

بدن

badan

پیشانی
dahi
چشم
mata
شانه
bahu
انگشت دست
jari
صورت
muka
چانه
dagu
دست
tangan
ساق پا
kaki
سینه
payudara
بازو
lengan

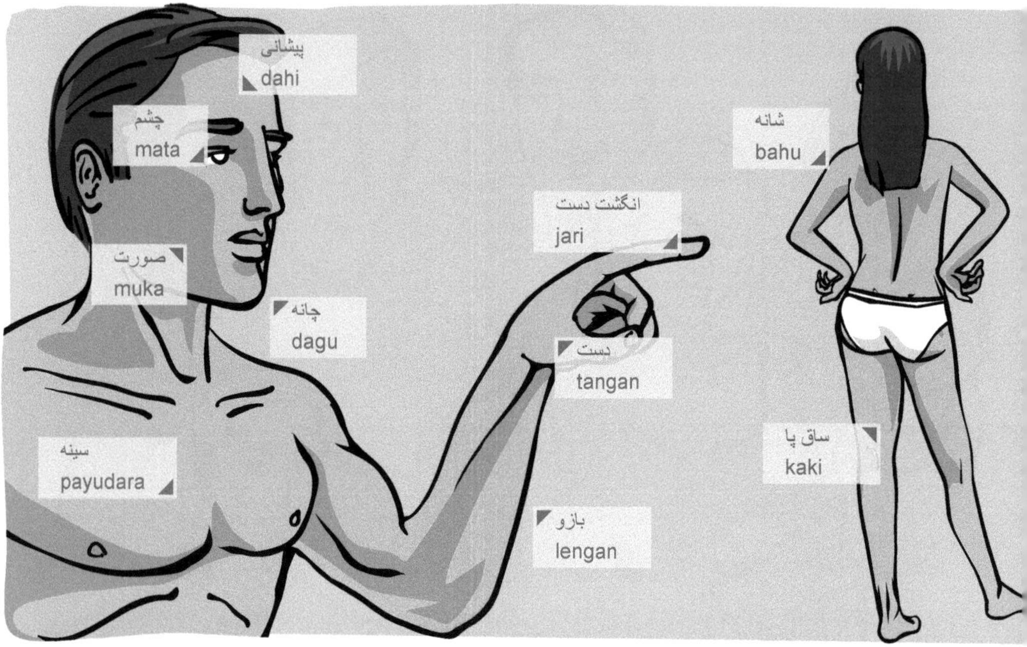

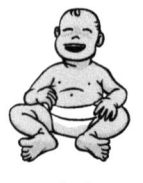

کودک

bayi

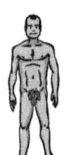

مرد

pria

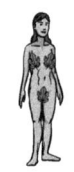

زن

wanita

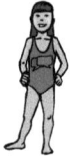

دختربچه

perempuan

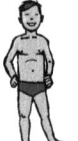

پسربچه

laki

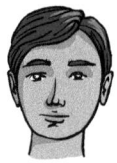

کله

kepala

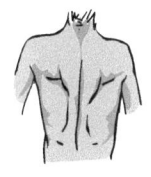

كمر
....
punggung

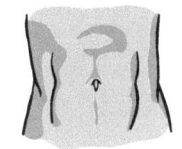

شُكم
....
perut

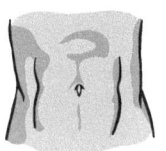

ناف
....
pusar

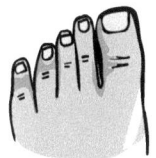

انگشت پا
....
toe

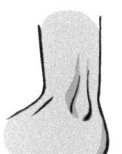

پاشنه
....
tumit

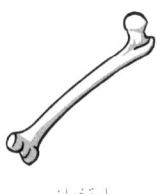

استخوان
....
tulang

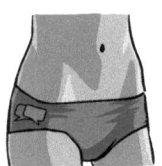

لگن
....
pinggang

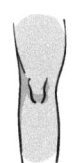

زانو
....
lutut

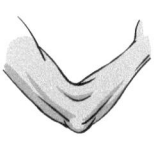

أرنج
....
siku

بینی
....
hidung

نشیمنگاه
....
pantat

پوست
....
kulit

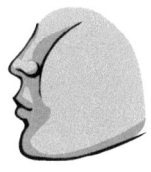

گونه
....
pipi

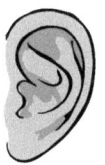

گوش
....
telinga

لب
....
bibir

دهان

mulut

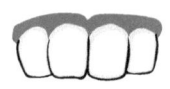

دندان

gigi

زبان

lidah

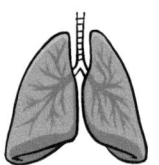

مغز

otak

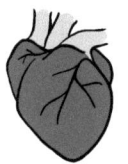

قلب

jantung

عضله

otot

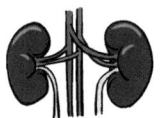

ریه

paru-paru

کبد

hati

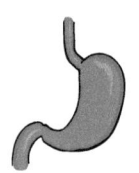

معده

stomach

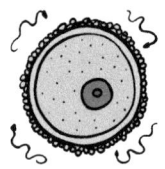

کلیه

ginjal

آمیزش جنسی

hubungan seks

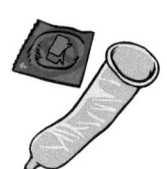

کاندوم

kondom

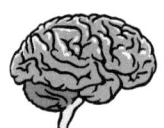

تخمک

sel telur

اسپرم

sperma

حاملگی

kehamilan

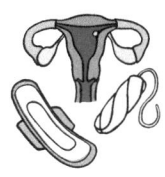

پریود

menstruasi

واژن

vagina

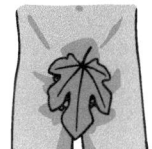

الت تناسلی مرد

penis

ابرو

alis

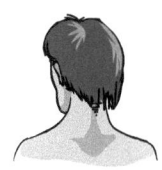

مو

rambut

گردن

leher

بیمارستان
rumah sakit

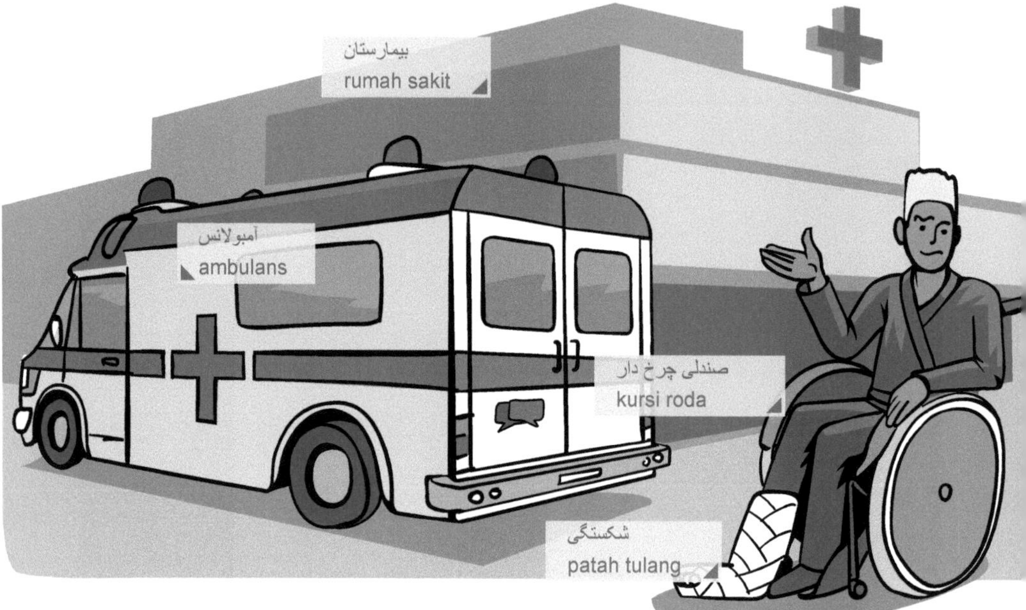

بیمارستان
rumah sakit
آمبولانس
ambulans
صندلی چرخ دار
kursi roda
شکستگی
patah tulang

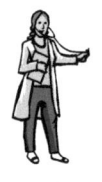

دکتر

dokter

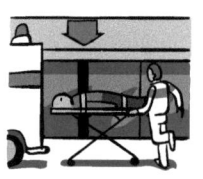

بخش اورژانس

ruang darurat

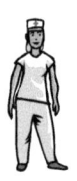

پرستار

perawat

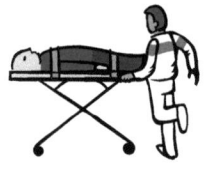

موقعیت اضطراری

darurat

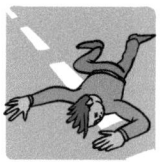

بی هوش

semaput

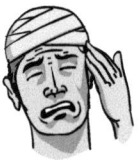

درد

sakit

مصدومیت

cedera

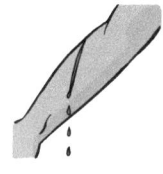

خونریزی

perdarahan

سکته قلبی

serangan jantung

سکته مغزی

stroke

الرژی

alergi

سرفه

batuk

تب

demam

أنفولانزا

flu

اسهال

diare

سردرد

sakit kepala

سرطان

kanker

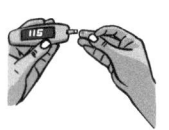

دیابت

diabetes

جراح

ahli bedah

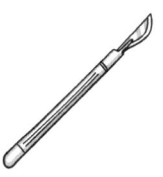

چاقوی جراحی

pisau bedah

عمل جراحی

operasi

سی تی اسکن

CT

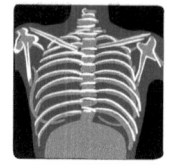

پرتونگاری

sinar x

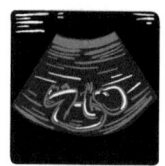

سونوگرافی

usg

ماسک صورت

topeng

بیماری

penyakit

اتاق انتظار

ruang tunggu

چوب زیر بغل

penyokong

چسب زخم

plester

پانسمان

perban

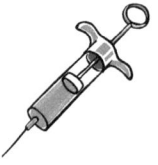

تزریق

injeksi

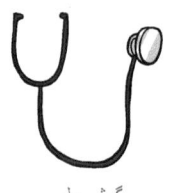

گوشی طبی

stetoskop

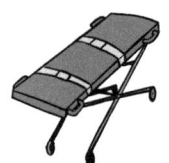

برانکار

usungan

دماسنج

termometer klinis

زایش

kelahiran

اضافه وزن

kelebihan berat badan

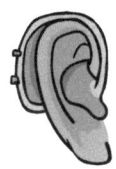

سمعک

alat pendengar

ماده ضد غفونى کننده

desinfektan

عفونت

infeksi

ویروس

virus

اچ آی وی / ایدز

HIV / AIDS

دارو

obat

واکسیناسیون

vaksinasi

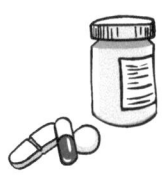

قرص

tablet

قرص ضد حاملگی

pil

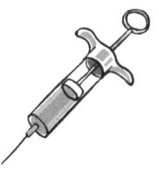

تماس اظطرارى

panggilan darurat

دستگاه اندازه گیرى فشارخون

ukur tekanan darah

مریض / سالم

sakit / sehat

کمک!

Tolong!

آژیر خطر

alarm

حمله

penyerbuan

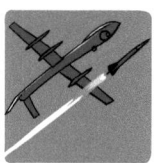

حمله ی فیزیکی

serangan

خطر

bahaya

خروج اظطراری

pintu darurat

آتش

Api!

کپسول آتش‌نشانی

alat pemadam kebakaran

تصادف

kecelakaan

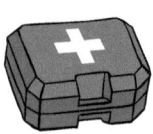

جعبه کمک های اولیه

kit pertolongan pertama

درخواست کمک

SOS

پلیس

polisi

اروپا

Eropa

آمریکای شمالی

Amerika Utara

آمریکای جنوبی

Amerika Selatan

آفریقا

Afrika

آسیا

Asia

استرالیا

Australi

اقیانوس اطلس

Atlantik

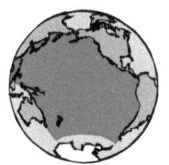

اقیانوس آرام

Pasifik

اقیانوس هند

Samudra India

اقیا نوس اطلس جنوبی

Samudra Antartika

اقیانوس منجمد شمالی

Samudra Arktik

قطب شمال

kutub utara

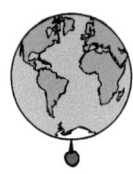

قطب جنوب
....
kutub selatan

قاره قطب جنوب
....
Antarktika

كره زمين
....
bumi

سرزمين
....
tanah

دريا
....
laut

جزيره
....
pulau

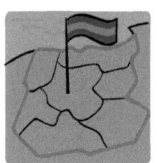

ملت
....
bangsa

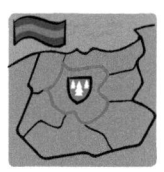

كشور
....
negara

78   كره زمين - bumi

صفحه ی ساعت

jam wajah

ساعت شمار

jarum pendek

دقیقه شمار

jarum menit

ثانیه شمار

jarum detik

ساعت چند است؟

Jam berapa?

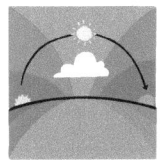

روز

hari

زمان

waktu

اکنون

sekarang

ساعت دیجیتال

jam digital

دقیقه

menit

ساعت

jam

minggu

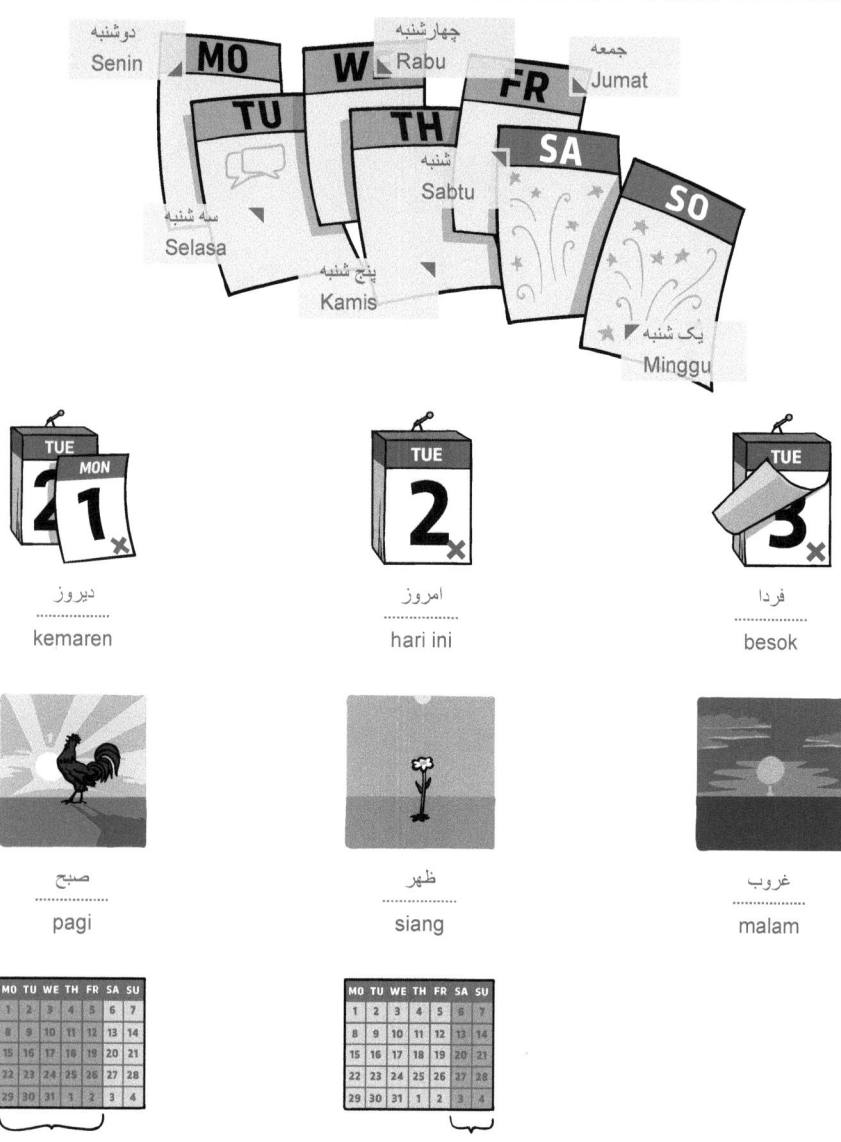

دوشنبه
Senin

چهارشنبه
Rabu

جمعه
Jumat

سه شنبه
Selasa

شنبه
Sabtu

پنج شنبه
Kamis

یک شنبه
Minggu

دیروز
....
kemaren

امروز
....
hari ini

فردا
....
besok

صبح
....
pagi

ظهر
....
siang

غروب
....
malam

روزهای کاری
....
hari kerja

آخر هفته
....
akhir minggu

سال

tahun

باران
hujan
رنگین کمان
pelangi
برف
salju
باد
angin
بهار
musim semi
پاییز
musim gugur
تابستان
musim panas
زمستان
musim dingin

4.APRIL 11°
5.APRIL 4°
6.APRIL 13°
7.APRIL 8°
8.APRIL 10°

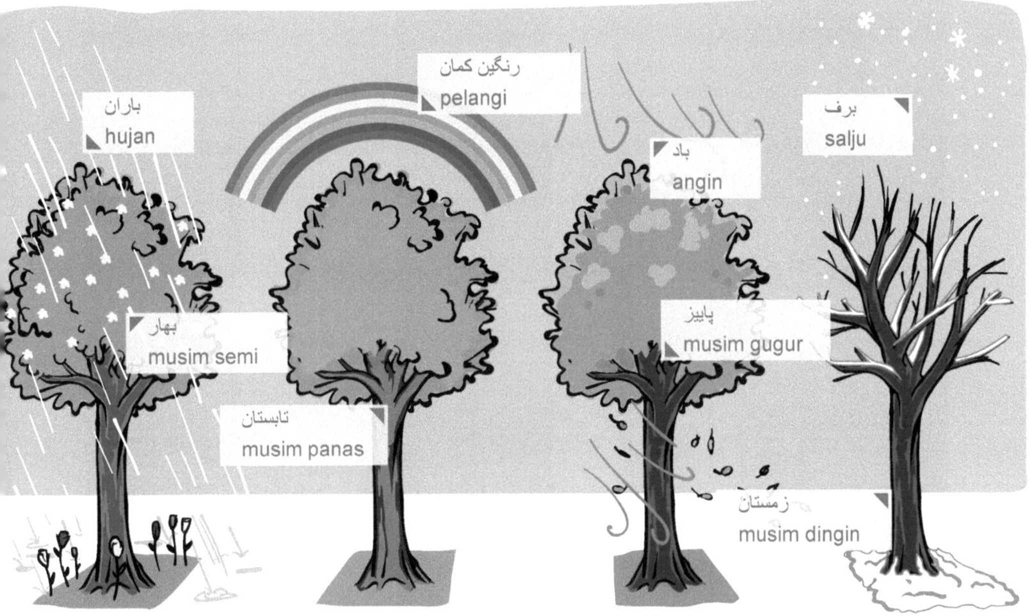

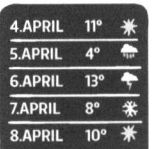

پیش‌بینی اوضاع جوی
....
ramalan cuaca

F C
120 40
90 30
60 20
30 10
0 0
-30 -10
-20

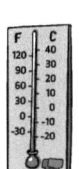

دماسنج
....
termometer

تابش آفتاب
....
matahari

ابر
....
awan

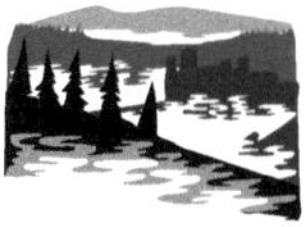

مه
....
kabut

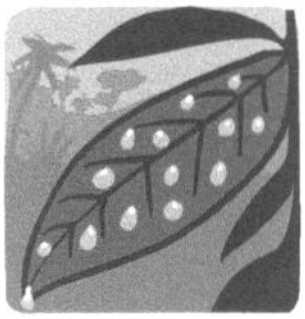

رطوبت هوا
....
kelembahan

صاعقه

kilat

آسمان غره

guntur

طوفان

badai

تگرگ

hujan es

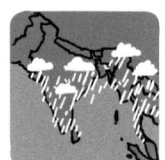

باد موسمی

monsun

سیل

banjir

یخ

es

ژانویه

Januari

فوریه

Februari

مارس

Maret

اوریل

April

مه

Mei

ژوئن

Juni

ژونیه

Juli

أگوست

Agustus

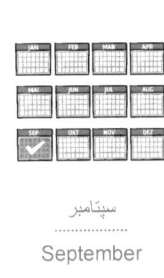

سپتامبر

September

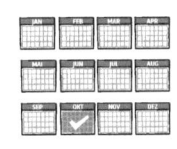

اكتبر

Oktober

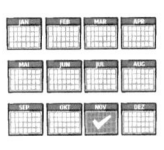

نوامبر

November

دسامبر

Desember

أشكال

bentuk

دايره

lingkaran

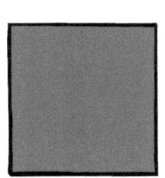

مربع

persegi

مستطيل

persegi panjang

سه گوش

segi tiga

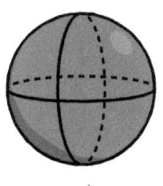

گره

bola

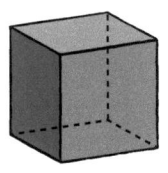

مكعب مربع

kubus

warna-warna

سفید

putih

زرد

kuning

نارنجی

oranye

صورتی

pink

قرمز

merah

بنفش

ungu

آبی

biru

سبز

hijau

قهوه ای

coklat

خاکستری

abu-abu

سیاه

hitam

خیلی / کم

banyak / sedikit

خشمگین / آرام

marah / tenang

زیبا / زشت

cantik / jelek

شروع / پایان

mulaih / selesai

بزرگ / کوچک

besar / kecil

روشن / تیره

terang / gelap

برادر / خواهر

saudara laki-laki / saudara
perempuan

تمیز / آلوده

bersih / kotor

کامل / ناقص

lengkap / tidak lengkap

روز / شب

hari / malam

مرده / زنده

mati / hidup

پهن / باریک

luas / sempit

قابل خوردن / غیر قابل خوردن

dapat dimakan / tidak dapat dimakan

غضبناک / مهربان

jahat / baik

هیجان زده / بی حوصله

bersemangat / bosan

چاق / لاغر

gemuk / kurus

اولین / آخرین

pertama / terakhir

دوست / دشمن

teman / musuh

پر / خالی

penuh / kosong

سفت / نرم

keras / lembut

سنگین / سبک

berat / enteng

گرسنگی / تشنگی

lapar / haus

مریض / سالم

sakit / sehat

غیرقانونی / قانونی

ilegal / legal

باهوش / خنگ

cerdas / bodoh

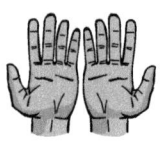

چپ / راست

kiri / kanan

نزدیک / دور

dekat / jauh

نو / استفاده شده

baru / bekas

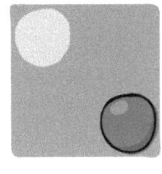

هیچ چیز / چیزی

tidak ada apapun / sesuatu

پیر / جوان

tua / muda

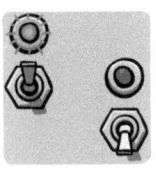

روشن / خاموش

nyala / mati

باز / بسته

buka / tutup

أهسته / بلند

tenang / keras

ثروتمند / فقیر

kaya / miskin

درست / غلط

benar / salah

زبر / صاف

kasar / halus

غمگین / خوشحال

sedih / gembira

کوتاه / بلند

pendek / panjang

کند / تند

pelan-pelan / cepat

تر / خشک

basah / kering

گرم / خنک

hangat / sejuk

جنگ / صلح

perang / damai

0	**1**	**2**
صفر	یک	دو
nol	satu	dua
3	**4**	**5**
سه	چهار	پنج
tiga	empat	lima
6	**7**	**8**
شش	هفت	هشت
enam	tujuh	delapan
9	**10**	**11**
نه	دَه	یازده
sembilan	sepuluh	sebelas

12

دوازده
....

duabelas

13

سیزده
....

tigabelas

14

چهارده
....

empatbelas

15

پانزده
....

limabelas

16

شانزده
....

enambelas

17

هفده
....

tujuhbelas

18

هجده
....

delapanbelas

19

نوزده
....

sembilanbelas

20

بیست
....

duapuluh

100

صد
....

seratus

1.000

هزار
....

seribu

1.000.000

میلیون
....

juta

انگلیسی

Inggris

انگلیسی آمریکایی

bahasa Inggris Amerika

چینی ماندارین

bahasa Cina Mandarin

هندی

bahasa Hindi

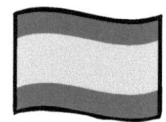

اسپانیایی

bahasa Spanyol

فرانسوی

bahasa Perancis

عربی

bahasa Arab

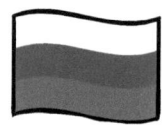

روسی

bahasa Rusia

پرتغالی

bahasa Portugis

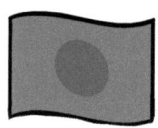

بنگالی

bahasa Bengal

آلمانی

bahasa Jerman

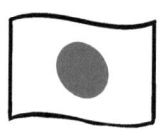

ژاپنی

bahasa Jepang

من

saya

تو

kamu

او

dia

ما

kita

شما

kalian

آنها

mereka

چه کسی؟ کی؟

siapa?

چی؟

apa?

چگونه؟

begaimana?

کجا؟

dimana?

کی؟

kapan?

نام

nama

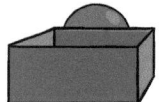

پشت

dibelakang

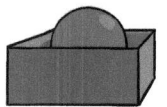

توی

di

جلو

didepan

بالای

diatas

روی

diatas

زیر

dibawah

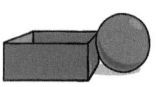

مجاور

sebelah

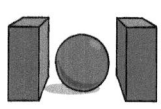

بین

di antara

مکان

tempat